T0397408

Animales
de invierno

Julie Murray

Abdo Kids Junior es una
subdivisión de Abdo Kids
abdobooks.com

Abdo
LAS ESTACIONES:
¡LLEGA EL INVIERNO!
Kids

abdobooks.com

Published by Abdo Kids, a division of ABDO, P.O. Box 398166, Minneapolis, Minnesota 55439.
Copyright © 2024 by Abdo Consulting Group, Inc. International copyrights reserved in all countries.
No part of this book may be reproduced in any form without written permission from the publisher.
Abdo Kids Junior™ is a trademark and logo of Abdo Kids.

102023

012024

THIS BOOK CONTAINS
RECYCLED MATERIALS

Spanish Translator: Maria Puchol

Photo Credits: iStock, Shutterstock

Production Contributors: Teddy Borth, Jennie Forsberg, Grace Hansen

Design Contributors: Candice Keimig, Pakou Moua

Library of Congress Control Number: 2023939992

Publisher's Cataloging-in-Publication Data

Names: Murray, Julie, author.

Title: Animales de invierno/ by Julie Murray

Other title: Winter animals. Spanish

Description: Minneapolis, Minnesota: Abdo Kids, 2024. | Series: Las estaciones: ¡Llega el invierno! |
     Includes online resources and index

Identifiers: ISBN 9781098269760 (lib.bdg.) | ISBN 9798384900320 (ebook)

Subjects: LCSH: Winter--Juvenile literature. | Animals--Juvenile literature. | Animal behavior--Juvenile
     literature. | Seasons--Juvenile literature. | Spanish Language Materials--Juvenile literature.

Classification: DDC 525.5--dc23

Contenido

Animales de invierno

¡El invierno ya está aquí!
¡A algunos animales les
gusta el frío!

4

El búho de las nieves está

sobre una roca. Tiene hambre.

Está buscando ratones.

El oso polar es grande.

Camina por la nieve.

9

El **bisonte** vive en grupo. Esos grupos se llaman rebaños.

Los leopardos de las nieves
tienen un pelaje **denso** que
los mantiene calientes.

La liebre de las nieves
es blanca. Se camufla
en la nieve.

El zorro ártico es pequeño.
Su cola grande y peluda lo
mantiene caliente.

¡Los renos tienen astas grandes! Las mudan cada año.

19

¿Qué animal de invierno
te gusta?

Más animales de invierno

el ciervo

el lobo del noroeste

el mirlo americano

el pingüino

Glosario

bisonte
mamífero de gran tamaño que rumia las planicies de América del Norte.

denso
que está muy junto, compacto, espeso.

Índice

Abdo Kids ONLINE

FREE! ONLINE MULTIMEDIA RESOURCES

¡Visita nuestra página **abdokids.com** y usa este código para tener acceso a juegos, manualidades, videos y mucho más!

Los recursos de internet están en inglés.

Usa este código Abdo Kids

SWK7076

¡o escanea este código QR!

24